# Et tout soudain en rien

DU MÊME AUTEUR

*Chez le même éditeur*

KUB OR, de Pierre Alferi, photographies de Suzanne Doppelt, 1994

DANS LA REPRODUCTION EN 2 PARTIES ÉGALES DES PLANTES ET DES ANIMAUX, avec Anne Portugal, 1999

TOTEM, 2002

QUELQUE CHOSE CLOCHE, 2004

LE PRÉ EST VÉNÉNEUX, 2007

LAZY SUZIE, 2009

LA PLUS GRANDE ABERRATION, 2012

AMUSEMENTS DE MÉCANIQUE, 2014

VAK SPECTRA, 2017

RIEN À CETTE MAGIE, 2018

META DONNA, 2020

Suzanne Doppelt

# Et tout soudain en rien

*P.O.L*
33, rue Saint-André-des-Arts, Paris 6e

ISBN : 978-2-8180-5581-6
www.pol-editeur.com

Ce livre est dédié au film de Michelangelo Antonioni, *Blow up*, à la nouvelle de Julio Cortázar, *Les fils de la vierge* et au roman de Witold Gombrowicz, *La pornographie*.

*j'ai pris les arbres, l'herbe, là où c'était un peu sec, un peu brûlé et je les ai fait devenir vert*, un vert qui renvoie bien l'écho et la lumière, un vert anglais au sud-est de la ville, Maryon Park de façon qu'il ressorte, un beau tableau vaguement abstrait, flottante non pas une tache sombre proche de l'oiseau ni un insecte écrasé mais un visage, pour le voir on doit s'appliquer. À peine une ombre portée sur le point de se retirer, les formes sont faites en vue d'aller et venir, l'apparition d'un lointain sans air et sans expression, le spectre moitié fixe aussi plat qu'une feuille les yeux vides la bouche cousue, c'est le dernier portrait dans l'herbe mélancolique avec son profil vaporeux, là se trouve le foyer des images, elles se fabriquent au milieu d'un bain chimique. Caché par un buisson un masque gît au fond d'un parc désert et repeint en vert, un joli théâtre de verdure mais un fichu trou dans le paysage, une réserve écrasante de possibilités qu'on doit débrouiller pas à pas, chercher midi à 14 heures *un aveugle tâtonne en se trompant de trou, un trou noir dans le paysage, si compact qu'il empêche la moindre lumière de sortir, d'ordinaire une bulle aérienne avec son extension propre – l'horizon des événements, voir c'est toujours voir ou non par un trou, celui d'une chambre obscure, d'une serrure ou d'air, un seul suffit pour faire une passoire, croire alors regarder le monde et ses histoires, un style de voyant, à travers les formes et les mouvements,* hagard comme au jour un hibou pour donner du relief un parc repeint en vert anglais, les massifs de roses et l'herbe rase, le vent et le bruissement des feuilles léger, vers l'horizon une femme avec un homme ils mènent la danse pittoresque, un beau jour de flânerie le matin tôt dans un parc à niveaux, ils sont pris à la pointe du viseur celui d'un voyeur qui en voit trop ou pas. Une image derrière une autre et le photographe qui n'est pas un philosophe ni même un limier va voir de plus près en dehors ce fantôme de chose à peine qualifié, un lieu sans bord qu'il va falloir compléter, c'est une filature presque ordinaire, elle se fait dans un bain chimique une loupe à la main. Des figures et des rapports, une tache aveugle, la réalité déborde à cause d'un fait en surnombre, apparue comme entre des roseaux ou cachée par un buisson la forme d'un petit calibre pointé vers cet horizon, pas même un limier le photographe n'a rien vu ou ne sait pas vraiment ce qui le regarde, une douzaine d'épreuves une enquête au fin fond de l'image *une impression sans cadre et sans couture d'épaisseur réglable, ici ou ailleurs mais bel et bien là une tache vide occupe une certaine place, une petite région en creux, ovale sur la rétine quand aucun rayon n'y entre, une belle lacune physiologique, on n'y voit rien on s'aveugle ou plutôt on se prépare à voir l'envers du paysage, un jeu savant pour l'œil, des mélanges des taches, un horizon qui montre des nuages, un visage des marques et hors du champ une gamme très originale de couleurs*

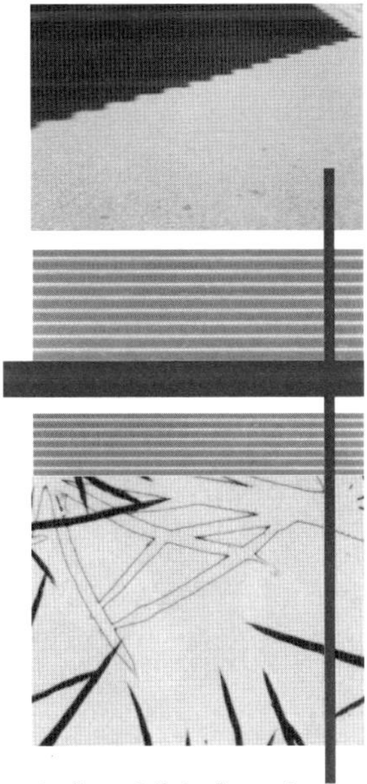

*je les ai fait devenir* vert

des nuages passent à la pointe de l'île dimanche 7 novembre de cette année-là, parfois ils ont la forme d'un ours ou d'un rocher suspendu parfois c'est le reflet d'un corps incertain sur la petite place ouverte sur l'eau et le ciel, ici deux personnes une femme et un jeune garçon deux allures et un arbre rigide par-dessus leurs têtes, ils s'entretiennent. Tandis que viennent de passer encore deux longs nuages effilochés, une image naturelle par excellence, ils s'entretiennent ou peut-être est-elle la seule à parler à la pointe de l'île, une scène quelconque presque rien mais qui refait le lieu à sa manière ouvert de plus belle sur l'eau et le ciel, des inconnus pris à la pointe d'un viseur, un Contax 1, 2. Un beau stock d'images voyage dans les airs, des vues de l'esprit ou bien une photographie de la pensée, et dans la chambre quand l'une devient un rectangle parfait vide et limpide et que la suivante vire lentement au gris c'est un nuage qui abuse nos yeux, un grain devenu si dense que l'île disparaît en entier

*on dit noir illimité et blanc qui nous débarrasse*
*de l'obscurité, entre les deux sans extérieur ni résonance*
*le gris une gamme à lui seul, de la taupe à la souris et*
*des silhouettes, des spectres privés de volume bougent*
*là-bas et ici, comme ces objets mal dessinés les nuages,*
*le brouillard ou la poussière, elle danse dans les rayons*
*tout juste une lumière, la vue vire lentement au gris,*
l'obscurité donne universellement cette couleur *dit*
*Hegel, un beau sfumato qui rend l'ensemble introuvable*

l'art des parcs est aussi varié que la poésie, on dessine un massif comme on écrit un sonnet et le jardinier est aussi un peintre, des parterres et des fourrés, les courbes et les contre-courbes, des arbres hauts et les plants d'herbe mathématiques, le rythme des couleurs, l'apparition et la disparition des figures font celui-là au sud-est de la ville. D'un vert qui renvoie bien la lumière, très anglais du bleu de Prusse plus du jaune de chrome, *un coquelicot peut être gris, une feuille noire et les verts ne sont pas toujours de l'herbe*, une grenouille parfois ou un visage blême au beau milieu ou alors caché dans un buisson, non pas un pendu les yeux cavés à Hanging wood avant Maryon Park mais un masque la bouche cousue, un corps rigide, il est ici et il est là magiquement, un vrai drame plastique qu'il faut démêler. Sur ses murs un théâtre de verdure, une découverte de proche en proche il tient les choses en cercle autour de lui, à chaque pas un tableau à chaque pas un jardin d'ombre *comme par enchantement tout a disparu ou bien rien n'est jamais apparu, l'apparition et la disparition sont une pratique courante chez le magicien une baguette entre les doigts, des doigts hallucinés montrant les choses puis les dérobant à la vue, elles sortent du cadre à l'œil nu rien n'est plus visible, c'est le vide optique et il faut un outil capable de ramener de la matière, une main avec ou sans baguette pour sonder la distance inverser le temps, magnétique et animale elle rapproche doucement* on ne voit pas le vide au petit matin mais à travers il voit la lumière pâle et l'ordre des plans, les massifs, la couleur a tout effacé y compris le genre de corps qu'il croyait trouver là, un masque cireux sur un corps très fixe, il était ici il n'y est plus magiquement, c'est un joli tour de passe-passe ou bien une simple erreur de jugement. Un trou dans le paysage qui dérègle la vue et qui par des raisons d'optique fait de si curieuses illusions, celles d'une drôle d'affaire, à deux ils mènent la danse confuse et empruntée, un duo de choc, pour un temps un beau tableau vivant qu'on peut prendre à la pointe de son viseur aigu comme une lame, peeping Thomas. Qui ne regarde que le vide au petit matin, sous les arbres le vert augmenté et les ombres par défaut, le vide d'un rêve ou d'une illusion, une image chimique fixée sur un mur, les yeux grands ouverts pour voir ce qu'il ne verra plus, quelqu'un a fait le mort et s'approcher revient à perdre la mesure ou alors perdre son temps *de si curieuses illusions d'optique si l'œil n'est pas là où il faut un point très spécial et encore, sinon y apparaît tout autre chose ou plutôt presque rien, le front peut être en un lieu comme une motte de terre, le nez ailleurs comme un rocher et le menton entre les deux, ce qui se reconnaît ici ne se reconnaît pas ailleurs mais il suffit d'un bon calcul – la réalité est une affaire de réglage, et de regarder de travers ou avec les yeux au bout des doigts pour que se refasse un visage* ça pourrait être à Maryon Park à l'est de Londres mais c'est aux environs de Sandormierz à l'est de la Pologne, un étang puis quatre petites îles entre les canaux, des broussailles l'herbe et les arbres hauts, un marécage, en apesanteur de l'eau dormante et les flaques, selon les lois de la réflexion elles croisent les images et les retournent, une excellente chambre noire. Quatre petites îles vers l'après-midi sous un ciel clément aucun nuage ni aucun présage, jusque-là rien de spécial, un paysage dans *un roman de province*, mais dans l'instant deux personnages en quête d'auteur tiennent la pose sur un banc ou bien sur l'herbe ses enroulements verts de quoi faire un bon lit, fixes comme des statues muets comme des carpes. Un tableau de choix au milieu de nulle part aux environs de Sandormierz deux jeunes gens figurent une scène sans queue ni tête, une prouesse amusante se tenir à ce point figés et détachés, à peu de chose près on n'a que le silence l'eau dormante les arbres hauts un ensemble pittoresque *à l'inverse du lac un grand œil qui prend toute la lumière, la couleur de l'eau statique vient de l'ombre, noire elle croise les images et n'en renvoie aucune ou molles et blêmes, à peu de chose près on n'y voit goutte, triste fleur ses motifs vagues une dilatation, le regard se perd l'ensemble est immobile et sans épaisseur, le temps est fixé là vers ce fond limité c'est une photographie de la pensée, ce qui sort ne se découvre qu'en flottant, cette couleur se voit aussi dans d'autres souterrains* ils sont passés par ici, la preuve par le fantôme qu'on verrait bien revenir, un médium dans la chambre noire et son corps automate, l'image doit sortir du bain et la mort n'en saura rien ou presque, un médium entre deux portes qui a pris la photo en traînant un matin vers Maryon Park repeint en vert, il renvoie l'écho plus le son continu du vent à travers les ramages. Sinon on n'a que le silence, les arbres, l'herbe, l'ombre, les buissons, une surface ouvragée et silencieuse dans laquelle il est tombé un beau matin sans voix et sans appel, qu'il faudra compléter, voir au travers grâce à son œil aigu comme un rayon le plan d'après ou alors ce qui se tient tout au fond. Autour, pas loin là où l'image contient son reflet caché, fixé et effacé, là quelque chose a été un figurant parfaitement muet mais les fantômes cela ne se voit pas à la chandelle ni sur une plaque sensible, que devient une bulle de savon au milieu d'un champ électrique, que devient un mort à l'ombre d'un arbre

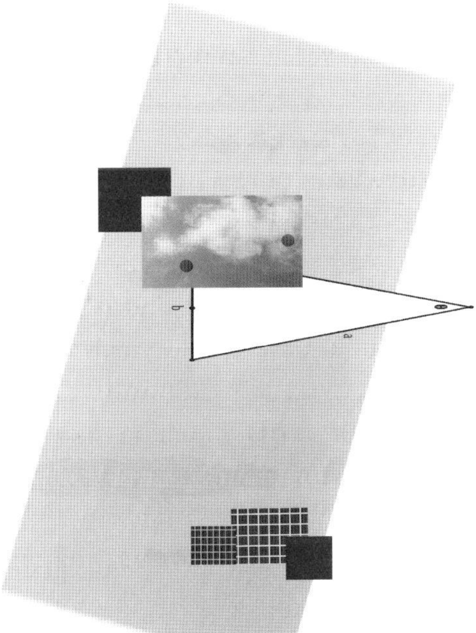


*se souvient-on d'un nuage*

*il y a celui des teinturiers, d'ivoire, de fumée et d'Espagne, plusieurs noirs jamais dans un état élémentaire, un ancien avec un frais dit Hokusai, c'est le refuge de la couleur pourtant il n'en reflète aucune mais absorbe chaque onde, au fond de la chambre noire comme un medium il suffit d'un trou de la taille d'une épingle plus un rayon de soleil pour dessiner une image inversée du monde, les ombres, les mouvements, les nuages, le vol des oiseaux et un jour à marquer d'une pierre noire* il s'est fait un film comme on peint un tableau, en vert anglais pour la sous-couche qui vire au brun-jaune avec le temps à Venise ou à Maryon Park en automne, plusieurs tableaux et plusieurs angles que le lieu expose à l'envi, des courbes des enroulements des carrés des figures calculées, une vraie chambre de verdure mais noire où les images se voient seulement de travers. Un coquelicot peut être gris et les verts ne sont pas toujours de l'herbe, une grenouille ou un lézard par exemple, ou bien un visage celui d'un homme trouvé dans un buisson bouche bée et aussi raide qu'un piquet avant de disparaître dans la nature sans la moindre note, la lumière a tout enlevé. Du spectre ne reste que le vert, le plus beau est plutôt vert pomme et la qualité inférieure est feuille-morte, un simple décor, un tableau ou encore un tapis feutré avec un jeu de nœuds et de ficelles, il faut les démêler pour y voir plus clair, s'approcher à mesure qu'il se retire, devenir un bon déchiffreur de nature morte *le soleil a l'épaisseur d'une feuille et la taille d'un pied d'homme mais le regarder de face et non son image reflétée c'est risquer de ne plus voir ou ne voir que du blanc, un mur blanc, une tache explosive occupant la place, les phares font pareil dans la nuit une belle commotion quand la lumière efface le paysage, les nuages, les visages, quand la forme en rien s'en va alors reste la couleur un blanc aveuglant, une mire blafarde de télévision, la variété qui devient noir avec le temps*

c'est un nuage qui abuse nos yeux devenu si dense à la pointe de l'île ou peut-être un oiseau un grand oiseau hors champ qui passe devant l'image d'un coup d'ailes il trace d'autres figures, toute vue a sa part d'erreur une ou plusieurs taches obscures, on voit le garçon et la femme en conversation un bel arbre par-dessus leurs têtes, on le reconnaît à ses formes. Et à ses oiseaux qui pourraient être de l'espèce pigeon ou bien moineau, deux inconnus placés ici histoire de changer le lieu et le cours des choses un dimanche matin avec un soleil rare pour la saison à la pointe de l'île ou alors loin à Maryon Park là où Thomas en virée imprécise prend les pigeons à la pointe de son viseur. Seulement
un couple un modèle d'automates sur la petite place ouverte surexposé mais de mauvaise grâce ce duo contre le parapet digne du plus banal théâtre, un théâtre de rue sobre et hermétique, il consiste aussi à voir sans cesse des nuages et de temps en temps un oiseau, de mauvais augure ou pas

*plusieurs taches font un ensemble, un certain air de famille celui de l'informe, il y a les miettes philosophiques et la boue, l'huile et l'encre qui tendent volontiers à s'agrandir, un état gazeux, un brouillon général jusqu'à la disparition de l'image vers une autre, la confusion aide les inventions, des saisons avec des châteaux, des figures entre des roseaux et un paysage entre les grains de poussière ou de folie, une surface où tout peut arriver mais où rien ne revient jamais pareil* rien d'attendu, la tache se trouve là ou ailleurs, ni de mesuré, une marque particulière, une impression sans cadre et sans couture, comme un petit spectre flou venu du fond, un tracé obscur pour l'esprit, d'épaisseur variable elle contient l'ensemble des styles et des allures et pour en venir à bout il faut un détachant puissant, beaucoup d'artifices ou une certaine ruse. Celle de la raison et de l'œil qui en voit toujours trop ou pas assez, sur la lune par exemple, où elles figurent sombres et confus des mers, des lacs, des forêts, les lieux raboteux, des trous et des bosses et lorsqu'elle passe en dessous du soleil elle en produit une si instable de la largeur d'un visage blême. Car rien n'est moins immobile, *de cette nuit tombe une poussière de taches pâles qui hésitent entre ce ciel et cette mer* ou bien ce parc à l'est de la ville, elles voyagent autant que les nuages et la poussière qui les dessine fait des petits tas quand elle se pose, un drôle de paysage vu par un oiseau et par un apprenti limier *un décrochement le soleil s'éclipse quand la lune passe en dessous, l'horizon se colore autrement – une lumière qui tend vers le violet, les ombres volantes augmentent, le silence est différent, les plantes et les animaux sont influencés, plusieurs contacts, des états avant l'immobilité, la terre se trouve dans l'ombre de la lune, il fait nuit le jour et on perd la vue faute de regarder ailleurs, ce jour-là peut-être on inventera* un film en regardant le soleil, un film sur la méchanceté du soleil

*deux allures et un arbre*

on les observe n'importe où, elles clignotent aux alentours des arbres quand un rayon tombe à travers, alors elles provoquent un beau jeu de lumière et d'ombres, des halos vibrants et des sautes légères, un beau tapis électrique, c'est un travail continu qui refait le paysage et toutes ses images à mesure, parfois même elles grandissent par degré jusqu'à l'explosion vu que rien n'est plus mobile qu'une tache. Mais d'elle finit souvent par sortir quelque chose ou non, une tache c'est un certain imbroglio mais très ronde c'est un cercle et au-delà un objet et pourquoi pas un visage vitreux et ordinaire caché dans un buisson, il lui faut juste du temps pour préciser sa forme, elle essaie chaque configuration, change beaucoup son rythme et sa cadence, se font et se refont les plis et les tensions mais elle garde tout en mémoire et il suffit d'un peu de savoir-faire pour y lire le proche avenir et le passé reculé, car parfois on en devine autant dans une tache que les oracles dans le marc de café *des fantômes en partie éclairés droit venus de la pénombre, Matthieu et sa vocation, le philosophe en méditation, un pur événement, une transition brutale la pupille aveuglée s'ouvre avec démesure, c'est un petit drame dans ce demi-jour vague sans contour d'où sort ce qui était caché et se tient ce qui le restera par le jeu délicat des lumières et des ombres, un extrait intermittent, la composition qu'il faut regarder puis compléter, c'est quand il n'y a plus de secret qu'il est à son comble* un ensemble pittoresque les roseaux les broussailles et les arbres hauts l'eau dormante verte la pire des eaux elle ne cause aucun mouvement figée autant que ces deux-là sur un banc ou posé sur l'herbe, une pose contre nature et contre toute attente jambes nues et mains divisées une saynète à deux têtes les yeux détournés et la bouche cousue. On n'a que le silence et parfois un moineau ou une grenouille elle plonge ou alors elle refait surface, une chorale très faible de grenouilles sinon le silence et l'immobilité au milieu de ce petit archipel vers l'est de la Pologne, mais à l'instant un geste presque rien un geste invisible pied avec pied froid tel le marbre. Celui d'une statue double tombée de la lune sans le moindre son ou trouvée dans un buisson, un tandem ingénu qui repose bizarrement exposé et absent comme jamais, un fond de jardin, un espace concentré on joue à ne rien faire et l'air de ne pas y être, une très longue pose contre nature, c'est à elle que le temps se mesure

il faut fermer les yeux et renoncer à la bouche
*qui prête secours à la vue et vice versa, compter avec*
*le silence, le secret a la forme d'une oreille comme d'une*
*bouche bien cousue, tout fermer pour voir ce vide un vide*
*plus sa doublure d'invisible, des lignes et des points, des*
*nuages qui vous fixent, ils ont la forme d'un visage,*
*une force magnétique venue du fond des âges ou du*
*paysage alentour, des yeux aveugles ou alors détournés,*
*de toutes les façons on n'est jamais sûr de ce qui est*
*devant*

à partir d'un bourgeon la plante s'agrandit, lui cherche la clef de l'énigme à l'aide d'un bain chimique, plusieurs fois élargir le point où son regard se porte, son œil aussi aigu qu'un rayon il traverse l'image comme on traverse un parc, non pas en long et en large mais droit devant, une ligne qui plonge dans l'eau synthétique ou va droit dans le mur. Là où on peut voir des inventions, des attitudes, des airs de tête, les scènes de genre et les figures affolées, des sujets en abondance, juste une marque parmi d'autres – la forme de son propre rêve, avant qu'elle ne se défasse en plusieurs, de la neige cadrée avec grand art ce rectangle de petits points blancs et noirs, une mire de télé sur fond de paysage. Et avant qu'elle n'explose au ralenti, une décharge aveuglante, c'est l'histoire d'une tentative ratée, s'approcher si près plan par plan du fond qui grandit jusqu'au bout du regard et faire tout disparaître le temps la mesure la matière les sons, un fantôme à peine qualifié *tout est capable d'exploser en vol net ou au ralenti, une bulle de savon qui a trop duré, un sous-marin descendu trop bas, une télévision sous pression, une satanée déflagration quand on franchit le mur du son, c'est une décharge aveuglante, une image pour une autre, l'orage de matières qui se propagent dans les airs avant de retomber mollement, plusieurs figures des fantaisies et de nouvelles orientations, un beau chaos – l'entre-deux milieux, un état gazeux qui peut rendre heureux, tendu mais heureux* si on se place au bon endroit on verra le lieu, un paysage neutre, la plus petite parcelle du monde mais le monde au complet, dedans une scène confuse en hauteur et en largeur, une femme plus un homme animés d'un mouvement discontinu et un autre encore un tiers qui les considère, d'un point distant devenu invisible pour lui-même. C'est une belle composition digne d'un artiste ou d'un géomètre qui a su prolonger l'espace jusqu'au loin, là où l'arbre cache la forêt ou plutôt là où l'ombre sert un tueur, il faut le regarder de biais si on veut le voir tout au bout d'une figure plane, bien étirée comme l'est ce parc, la perspective est une affaire de triangle et la géométrie convient aux aveugles. Thomas ne croit que ce qu'il voit et il ne voit plus rien quand il s'avance de proche en proche dans le paysage et dans l'image, ni elle ni le mort fiché au fond hors champ et hors de portée entre plusieurs eaux et plusieurs régions, trop s'approcher revient à perdre la mesure et le sens de l'orientation

*se rapprocher trop ne sert à rien, on y perd son latin*
*ou le sens de l'orientation, pour regagner la vue voir*
*de quoi il retourne une simple rotation suffit qui rend*
*l'image à sa confusion au profit d'une autre, une chaise*
*étirée devient un banc, un objet indécis un crâne,*
*on découvre une femme au milieu d'un rocher spongieux,*
*deux espaces imbriqués, ce qui est visible dans l'un est*
*invisible dans l'autre ou bien il suffit de regarder ailleurs*
*là où le vide magnétique rebat les cartes*

des nuages et de temps en temps un pigeon, une seule île un quadrilatère naturel relié par six ponts, l'arbre l'eau le parapet les pavés mais ni herbe ni talus, l'ensemble est harmonieux et au grand jour un jour comme un autre à la pointe le 7 novembre de cette année-là, déserte comme devrait être n'importe quelle île même habitée. Celle au trésor, celle de dos, d'Arturo, en bas, d'Atlas, l'île de la ville où règne un étrange climat, un huis clos en plein air, tout converge tout s'y fixe c'est un théâtre de rue et de marionnettes, une petite comédie de mœurs plutôt inédite et pleine de surprise si on réussit à voir de côté, juste en diagonale l'espace prolongé, la perspective est une affaire de point de vue. Et d'attention, même si la vue est entachée d'erreur à deux doigts de là quelqu'un regarde et l'île est alors un croisement de regards et de mouvements mélangés les nuages deux par deux trois par trois un pigeon qui vient de passer plus un moineau sans doute et le vent modéré

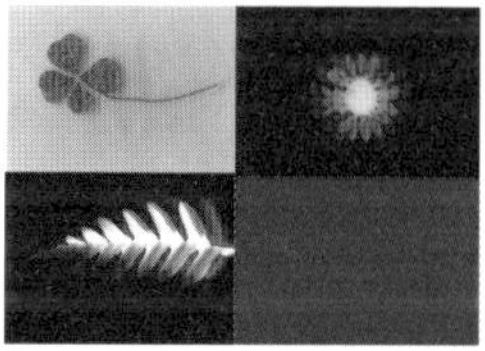

*un coquelicot peut être gris*

*l'œil ne saisit pas l'angle près de lui comme il ne peut voir dans le noir pourtant de travers cela lui arrive, un bon trucage est capable de tout, rendre la chose autrement qu'elle n'apparaît, en courbant les lignes du paysage par exemple en ajoutant ou en retirant de la matière, la perspective est une affaire de point de vue et de magie, noire ou blanche car elle agit aussi à distance, fait croire que la vue est un prolongement du milieu mais elle ne permet pas aux aveugles de voir* c'est un hasard de voir exactement ce qu'on ne se soucie pas de regarder, un oiseau posé, une branche cassée, une pierre qui roule ou bien ce qu'on regarde de trop près, une scène de genre, un mort sous un arbre par exemple, les yeux au bout des doigts on voit des mains, plongées au fond d'un bain chimique, histoire de le faire revenir ici ou là entre deux eaux. Verdâtre et vaguement lumineuse une très petite région du champ visuel, une tache désertée où plus rien ne se montre aucune image aucun tueur dans le décor, la nuit gris moyen et sans résonance a tout supprimé, reste une doublure d'invisible autour l'ensemble s'étire puis s'organise, il joue à l'aveugle et sa partie est près de finir muette et hallucinée. C'est un grand hasard de voir exactement ce qu'on dévisage, vu de face translucide, moitié vivant de profil, sur fond neutre ou au coin d'un parc, mieux vaut un coup d'œil indirect ou alors fermer les yeux devant un vide qui nous regarde éberlué à travers un nuage de particules *le géomètre passe sa vie les yeux fermés, celui à qui la vue manque la devine un bâton entre les doigts, avec il dévisage et compose des figures, il sait s'il y a des pierres de l'herbe de la boue ou quelque chose de semblable, un troisième œil ou un sixième doigt, une riche fibre optique cet objet magique et pétrifié de la même famille que le balai des sorcières, il cherche une chose et en rencontre une autre de son bâton couleur craie, n'est-ce pas ce qui le débarrasse de l'obscurité* il y a le secret de l'atome, celui du meuble, du roi ou des soucoupes volantes et il y a le secret caché dans le paysage bien gardé un parc nocturne et son spectre ou son image, une enveloppe légère une apparition presque rien, pour le voir il faut de nouveaux yeux plus le sens de l'orientation, les nuages ne sont pas des sphères et l'éclair ne dessine pas de lignes droites. C'est un certain imbroglio, une étrange affaire qui hante l'espace et Thomas avec, zélé détective en herbe, non pas le mort mais le vide laissé par un secret de polichinelle, il en suffit d'un et ça fait un climat supérieur plein de détours et de manières, quiconque le connaît vous le fait regarder d'un endroit spécial alors les lignes se ramassent formant un visage où il n'y en avait pas. Un beau tour de passe-passe dans les plis du paysage, il a le secret des galaxies, celui du temps, de la porte ou du parc verdoyant, rien d'autre que lui-même et à la fin qui se confond avec le début toute la genèse restait mystérieuse *un parc nocturne est densément habité du sous-sol à la canopée, certains n'y voient rien le jour mais la nuit élargissent les yeux, ainsi le hibou, certains voient par d'autres moyens, l'automate électrisé qui va dans le noir les bras tendus comme un aveugle de naissance, il est sorti de son lit avant de rêver endormi et à la fois réveillé, une activité compliquée, c'est avec le front les pieds ou le bout des doigts qu'il voit, une machine de précision dont les récepteurs ont bel et bien migré* une longue pose empruntée aussi fixe que l'eau dormante, rien ne bouge au-dessus aucun remous zéro bulle, un marécage où se réfléchit à moitié défait l'ensemble plantes arbres soleil ardent et ces deux-là sages comme une image et muets comme une tombe, des corps intermédiaires qui baignent dans un accord peu ordinaire. Une scène modeste pourtant une scène quand même et un temps de plus, un moindre geste celui d'un pied, pied téméraire contre-pied, quatre en tout, l'araignée en a huit et la mouche six dans les airs, un beau geste à peine visible, habituellement il se fait de la main, notre premier-maître de philosophie avec les pieds et les yeux grands ouverts. Pour mieux voir ce petit coin perdu où chacun tient la pose, presque Maryon Park mais Sandormierz sans motifs en moins vert et moins soigné, deux jeunes esprits tombés de la lune et un silence de plomb, celui de l'eau qui dort des flaques qui retournent les images de l'immobilité des aubépines, les regarder c'est devenir fou *la vache a les yeux panoramiques mais égale les étoiles à zéro, après quatre mètres le rhinocéros ne distingue pas un homme d'un arbre, autant que de pattes l'araignée en a huit bien réparties, elle voit trouble mais devine tout à travers les vibrations de son réseau, le contraire d'une mouche, la taupe ne voit presque rien, elle circule dans le noir complet son lieu d'exil, elle vit aussi longtemps qu'elle reste cachée au fond de son creux labyrinthique, grave et aveugle, honorons-la et sa manière*

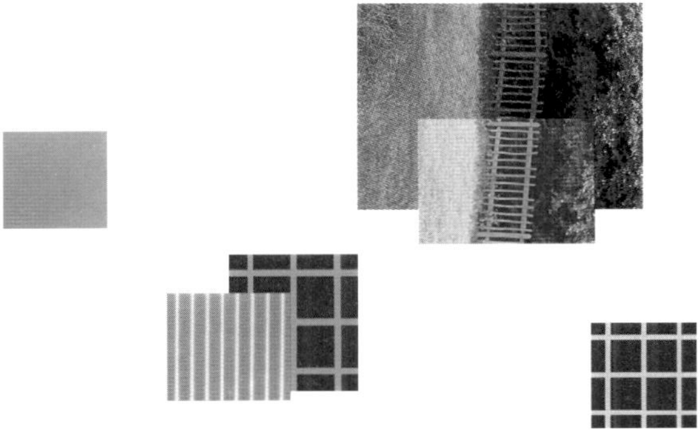

*c'est un hasard de voir exactement ce qu'on ne se soucie pas de regarder*

la nuit Thomas s'avance dans le parc comme il le fait dans l'image, défaire lentement la matière sous elle une autre et encore une autre, il faut s'approcher pour la voir au plus près cette forme à l'arrêt allongée sous un arbre, rentrer dans la couleur au point qu'elle les efface toutes, il a la manie des détails et celle des choses bien faites. Chacun compte, ces menus éléments isolés de l'ensemble, un fragment plus le suivant qui produit un arrangement détonnant, d'une importance capitale les petites choses, rien de plus grand que le détail, l'axiome d'un bon limier, regarder se fait toujours par un bout qui réduit le tout, il faut coller son œil ce qui fait de si belles illusions. Celle d'y voir clair par exemple, quand *de cette nuit tombe une poussière de taches pâles* et que le paysage ne se ressemble pas, vu de trop près ou trop lointain la mesure se perd plusieurs fois, plonger dedans jusqu'à le défigurer lui et la sale affaire cette forme à l'arrêt un égarement sans pareil *une vraie manie tourbillonnante celle d'un insecte, s'approcher toujours plus près, détailler jusqu'à décomposer, de très petites pièces détachées font un beau chaos l'inverse d'un bloc, un détail plus un autre forment un ordre surprenant, s'approcher pour voir ce qui se cache et perdre toute la mesure, rien de plus grand de plus conséquent que le détail et rien de plus embarrassant, d'ailleurs certains ne figurent qu'en vue d'être inaperçus, l'œil s'aveugle et le reste se perd sauf les vertiges* avec une formule spéciale l'albinos Griffin rend un chat transparent puis lui-même devient un animal nocturne, pas moins que l'autre à peine deviné entre les rayons et la végétation allongé sur le sol il n'est plus en action, aucune danse ni confuse ni empruntée, aucun nom connu, une seule prise par le regard l'isole de tout le reste avant de disparaître bel et bien. Du lieu comme si de rien n'était, de l'image par degré sans s'y être sérieusement montré or la trame cachée est plus forte que celle qui se voit, sans bords sans cadre sans couture une présence invisible sous le nez, il s'obstine à la rendre présente au risque de perdre son latin mais si vous ne filmez que le visible, c'est un téléfilm que vous faites ou un mauvais roman-photo. Le mort ne s'est pas absenté, il est juste introuvable ou toujours plus loin au petit matin dans le parc modifié, entre plusieurs plis et plusieurs régions il se tient là en compagnie des invisibles dont l'albinos Griffin maître d'un empire *pourquoi les objets semblent autrement situés qu'ils ne le sont, se laissent voir sans rien montrer du tout ou alors sous le nez restent une présence invisible, mis en évidence pour mieux se dérober, non pas retournée ni rangée comme une aiguille à tricoter mais bel et bien à portée de main, un pli ou autre chose vers la surface qui s'expose avec une aveuglante clarté et qui se retire à mesure qu'on s'en approche, dans une très bonne cachette en compagnie de tous les spectres optiques* se souvient-on d'un nuage d'un oiseau qui passe de temps en temps, d'une île chacune a sa forme, un genre de rectangle naturel en plein milieu de la ville, se souvient-on d'avoir vu ce qu'on a peut-être vu, un très jeune homme et une femme tout à leur affaire, mais c'est un hasard si l'on voit exactement ce que l'on ne se soucie pas de regarder. Un autre homme par exemple assis au volant d'une voiture à quelques pas, lisant dormant ou somnolant, une fiction pour mieux voir de quoi il retourne ce dimanche matin vers la pointe de l'île, ce qu'il a fabriqué bel et bien, cette scène jouée par deux amateurs, deux faux robinsons égarés là pour les beaux yeux d'un intermédiaire. Se souvient-on de ce qui se retourne comme un gant ou comme une image mobile à laquelle l'œil sert de cible ou d'aimant, dans une chambre noire un îlot bien tempéré qui les fait défiler à sa guise ou d'un buisson dans le paysage, là repose un mort sous un arbre mais l'air dès que vient le jour et c'est du septième art

*on a d'abord pensé qu'un rayon lumineux comme*
*une antenne d'insecte sort des yeux pour toucher l'objet*
*avant de se briser, se réfléchir en arrière et en sens inverse*
*le rendant visible mais rien ne se voit la nuit alors*
*on a pensé la lumière arrive vers l'œil et avec elle*
*l'image mobile à laquelle il sert de cible plus toutes les*
*informations prises sur son passage, une vraie machine*
*à capter, toujours est-il que le géomètre passe sa vie les*
*yeux fermés et sans eux l'aveugle peut être un voyant*

la nuit tous les chemins sont plats, ceux qui descendent et ceux qui montent, plusieurs chemins, la traversée est horizontale pour se rendre où traîne un masque cireux sous un arbre un fantôme disparu de l'image à force de le faire venir, le ciel gris moyen la lune double autant que le parc fabriqué à mesure dans ce clair-obscur. Sur le mur une amorce du lieu froid et nu, au sol des carrés histoire de jouer au palet ou au limier, Thomas fouille d'arrache-pied il doit comprendre le petit secret caché dans le paysage, une ténébreuse affaire, elle n'a peut-être jamais eu lieu mais elle recommence toujours. Celui qui passe la nuit dans la mare se réveille cousin des grenouilles ou alors d'un éphémère envolé au petit matin trop sensible à la fausse lumière ou rêvé dans l'ombre d'un végétal au milieu de Maryon Park, cousin têtu sans peur et sans reproche l'œil éteint il cherche la clef de l'énigme ou celle des songes, une idée fixe laquelle le fait aller de la chambre noire au demi-jour *où on croyait une lumière interne une émanation électrique, à la place un mécanisme compliqué ayant ses ratés, l'œil éteint parfois, sa ruine, il faut le seconder par des lunettes d'approche le rêve de Descartes, par un* walking stick *un bâton couleur craie, par la peau une toile bien tendue ou des mains à toute épreuve instruisant mieux que les yeux de ce qui arrive sur la lune et ailleurs, l'œil éteint plongé dans des variétés de noir, de fumée ou d'Espagne et* la vie assumait la forme d'un croissant de la chambre noire au demi-jour il fait le limier après avoir fait le témoin, il aurait pu devenir évêque ou bien troupier mais c'est ce genre qu'il a préféré, voir de quoi il retourne, rentrer dans l'image comme on entre dans le parc ce louche rapport de ressemblance, poursuivre le cours peu ordinaire des choses, une scène devrait nous apprendre que nous n'avons pas vu ce que nous voyons. Cette courte scène par exemple où une femme et un homme font mine de s'aimer ou de se déchirer ou alors de danser au lieu de se transformer en grenouille ou en galet, une petite comédie de mœurs à l'air libre sous l'œil captif d'un limier en herbe, un art du mouvement souverain et vide de parole. De même ce tableau final le retour fiévreux des mimes pour jouer une sacrée partie sans balle sans raquette et sans le son, une doublure invisible qui retourne le lieu tel un gant, peeping Thomas renvoie l'envers de la balle avant de tourner les talons, l'homme n'est complet que là où il joue

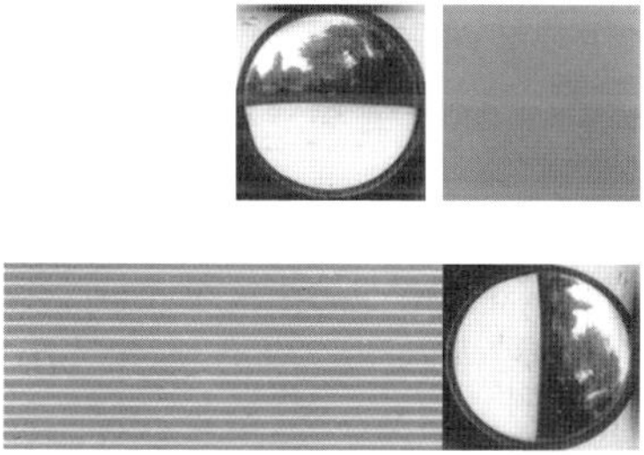

*le ciel gris moyen la lune double*

*dans le demi-jour presque incognito ou la demi-nuit vague et sans contour le milieu varie, c'est la période la plus délicate pour conduire, là où il est difficile de distinguer un chêne d'un peuplier, le rouge du vert, le chien d'un loup, par l'air des ombres volantes et des lucioles de légende, entre deux lunes la vue s'est perdue et se regagne faiblement après plusieurs minutes d'ajustement ou alors jamais faute d'avoir regardé s'éclipser le soleil tout au fond de l'eau ou avec un procédé analogue* les flaques retournent les images, à l'ombre d'un arbre non pas un mort étendu bouche bée et les yeux caves mais un homme assis là expert en pantomime, par lui le tableau à demi vivant devient un théâtre de verdure, des broussailles l'herbe haute et l'eau qui dort un après-midi d'été, un seul décor et quelques minutes suffisent pour tenir le témoin éveillé. Il faudra recommencer encore une fois au moins comme tout ce qui le mérite, cette première, rêver d'une île c'est rêver qu'on recommence cette petite comédie froide en deux temps un seul mouvement, une action louche encadrée de force sur ordre d'un homme assis là expert en composition, il mène la danse sans fard ni instrument à l'ombre d'un bel arbre vers l'est de la Pologne. Sur son tas d'aiguilles il regarde son intrigue, elle n'affiche rien d'autre qu'elle-même, deux personnages aussi réglés qu'une horloge font mine de ne pas y être, une intrigue tirée par les cheveux très loin de Maryon Park où on joue à l'adulte un jeu opaque et définitif

*nulle ou petite à midi elle est longue le matin et le soir,*
*noire derrière les obstacles que la lumière croise, il faut*
*la voir comme une apparition et ce calme inquiétant,*
*l'ombre qui suit de si près, certains ont échangé la leur*
*contre une petite fortune, d'autres ne la verront jamais*
*ces travailleurs de la nuit pour ça on doit aller au soleil,*
*mais celui qui regarde longtemps les songes en devient*
*une sous un arbre ou ailleurs, dédoublé sans le savoir*
*son image détachée cet expert de l'obscurité*

l'homme n'est complet que là où il joue ou là où il danse, un petit ballet mécanique au milieu de nulle part des quais de la scène à Hanging Wood devenu Maryon Park, au bout d'une corde les yeux vides sur l'herbe rase le regard oblique, elle remue en sa compagnie, une allure vague et empruntée elle et lui dans un colloque de fantômes, une ghost dance qui garde bien le secret de son geste muet. Elle danse avec sa momie, rien ne les accompagne sauf un curieux retiré et venu là comme ailleurs, sauf un tueur embusqué et venu là à point nommé, sous tension un théâtre en plein air et des recoins, le parc est une fenêtre à moitié ouverte, une ligne mobile et incurvée. C'est un sketch mimé qu'il faudra débrouiller, une enquête visuelle très spéciale pour une sorte de mimodrame, elle se fait dans un bain chimique une loupe à la main, mais la réalité est toujours plus loin, loin dans les plis du paysage ou dans ceux de l'image où se joue et se rejoue le branle universel de la danse macabre *on dit du vide partout, la substance la plus dense en contient encore et entre les étoiles est un fouillis de gaz et de poussières de quoi faire un beau tas, et entre la matière un champ électrique de quoi faire un bel éclairage, il n'y a que l'absence de ce qu'on s'attend à trouver, encore bien plus dans l'idée d'un objet n'existant pas, les yeux vides vous laissent voir sans rien vous montrer, une seconde vue qui joue avec l'obscurité, fabrique des choses que seul l'espace inoccupé permet* à mesure des nuages ou alors des grains ont rempli le ciel ou l'image un rectangle 60 par 80 sur le mur de la chambre via un medium et son corps mécanique un Contax 1, 2 qui en sait long, ils ont été là bel et bien, la preuve par les fantômes qu'on veut congédier ou faire revenir c'est selon, une vague photographie de la pensée. Un matin comme un autre contre le vide le promeneur sort de chez lui il ne voit que des nuages et des oiseaux, un ton discret aucun cadrage avant de tomber sur une scène très conforme, du septième art ou un roman de gare, une scène composée presque rien, ils jouent à se parler des automates pour un voyeur opérateur et bien embusqué, il a tout ordonné ce matin spécial vers la pointe de l'île. Sur le mur de la chambre un grain bizarre a rempli l'image, un brouillard venu de la gauche, un petit écran qui a tout vu passer mais devenu muet à mesure, une surface qu'il faut compléter une histoire raconter de Maryon Park à l'île de la Cité en passant par Sandormierz *le brouillard ne se chasse pas avec un éventail ni d'un revers de main, ce mélange humide et sans résonance qui défait le paysage, met les plans au même niveau, comme la poussière il affaiblit les couleurs, un gracieux sfumato, un obstacle mou en bloquant la lumière il réduit la vue à rien du tout, l'ensemble s'est absenté, c'est un brouillon général d'objets et de faits mal dessinés, on ne peut pas dire s'il fait jour ou nuit, ce brouillard venu de partout, non pas un noir total mais un monde devenu verdâtre*

*que devient une bulle de savon dans un champ électrique*

ce n'est ni un homme ni une femme mais une apparition, un tandem ordinaire pourtant à quelques pas de là, tout d'un coup ils se montrent au beau milieu de ce jardin anglais sans air et sans expression, un espace quelconque qui devient une scène ouverte et primitive qu'une loupe à la main il faut faire grandir dans le noir de la chambre et de l'image, son œil avec le leur prêt à refaire l'endroit et l'histoire. De ce qui a eu lieu et de ce qui n'a pas eu lieu, d'une apparition et d'une disparition entre deux versants, un tueur et son cadavre, faire apparaître et disparaître est une pratique très courante chez les magiciens, coupée en 2 la femme fixe dans la boîte noire, un vrai tour de passe-passe, avant de revenir entière mais ailleurs une région inconnue de tous. Ni cadre ni couture un tracé obscur pour l'œil et l'esprit, c'est une éclipse progressive et générale, il faut se méfier des examens trop minutieux, dans une dernière version ne reste que le va-et-vient d'une balle présumée *un éclair, le ciel neigeux, la pleine lune on peut toujours voir dans le noir sans lunette mais avec, ou bien une loupe à la main, Descartes rêve de rendre la vue aux aveugles, à travers l'air, le verre mathématique passent les images, des yeux très techniques qui montrent jusqu'à l'invisible et parfois font prendre les vessies pour des lanternes, des effets spéciaux, c'est double et triple rose ou panaché, une vraie fantasmagorie, l'ensemble est une affaire de réglage et de polissage* un jeu opaque et définitif là-bas à Maryon Park ici dans cette zone champêtre et humide, quatre petites îles loin très loin vers l'est, un lieu hors de tous les autres lieux où l'eau s'amuse avec les images, comme dans un miroir elles s'inversent et les joueurs avec, ils sont bien là où ils ne sont pas, il leur a fallu s'éloigner un peu pour produire cette énigme saugrenue. Un non-lieu hors temps et hors sol où jouer cette comédie sans queue ni tête mais avec double pied de nez, un duo automate et des gestes empruntés, et confondu par hasard celui qui a tout fabriqué, un metteur en scène intégral un maniaque accompli qui ne compose que pour lui-même une scène digne des plus belles performances. Il leur faudra recommencer car deux fois au moins on doit répéter ce qui le vaut, redire le beau secret, reprendre la pose à zéro ou à peu de chose près sur ces quatre petites îles des corps intermédiaires et un curieux accord, jusqu'à ce que mort s'ensuive ou alors jusqu'à l'été d'après un miroir est une machine qui nous met en relief hors de nous-mêmes *dit l'aveugle n'en ayant jamais vu, elle pourrait servir de toile au peintre tandis que la main donnée à défaut est aussi sensible quand elle va et vient, elle dessine des figures comme dans un miroir concave, un bon générateur de spectres, la tête est renversée, les pieds en l'air et les doigts pareils à un bras, un objet combiné de telle façon qu'au lieu de se voir on voit tout autre chose, un jouet facétieux une fameuse* géométrie c'est un jour ordinaire au milieu d'un parc, entre deux ponts, dans la campagne profonde ou de nulle part, chaque fois un flâneur est au spectacle, un théâtre de plein air qui montre une très petite comédie de mœurs, mine de rien un badinage piquant et silencieux, un homme plus une femme et entre eux une drôle d'affaire qui modifie l'espace jusqu'à l'horizon. Presque rien une danse légère, un tête-à-tête fiévreux, une pose contre nature mettent le flâneur en mouvement continu, un secret à moitié gardé se cache dans le paysage, il dérègle le bon sens et retourne la vue, c'est un hasard de voir exactement ce qu'on regarde, un huis clos hanté par l'humeur d'un autre tapi à quelques pas de là. Hors cadre d'un buisson compact, d'une voiture arrêtée ou sur un tas d'aiguilles, la perspective est une histoire de triangle et de position, il suit l'affaire assidûment, d'ailleurs il la mène par le bout du nez ou par la pointe de son calibre, les lieux varient le paysage se défait à l'envi, sous l'image une autre et une autre encore, le temps est fixé et tout se refait forcément. Combien de significations tirer de ces centaines d'herbes de ces massifs de ce bitume, le flâneur qui n'est pas un limier va voir de plus près, une vraie tête chercheuse l'œil aussi aigu qu'un rayon, dans son bain chimique il trouve des oiseaux des nuages des marques particulières une poussière de taches pâles au lieu d'une tête sans visage un beau masque fait d'après nature à l'ombre d'un arbre ou peut-être nulle part, une idée devenue fixe, un mode de changement débordant. Revoir la scène ici ou là, le mort sur le tapis d'herbes ou entre deux images hors de portée il se perd à mesure que le temps avance, revoir le duo de choc une manigance bien ordonnée il s'efface derrière un brouillon de faits indécis et rien ne revient sinon le jour ordinaire au milieu d'un parc entre deux ponts, dans la campagne profonde. L'immobilité des aubépines et de l'ombre portée, du silence aussi celui des vents, *demandez-leur la cause trop de lumière retourne la vue pareil le brouillard et les larmes*, j'ai l'impression d'avoir les yeux mouillés qu'est-ce que je dois regarder, *le noir de fumée, le jaune des vapeurs ou ne voir que du blanc fait de toutes les couleurs – un gouffre libre, la lune aussi regarde d'un œil humide qui défait les choses en plusieurs morceaux, à travers l'eau synthétique il voit ni ne voit pas ces pièces détachées formant un bel imbroglio, un peu d'invisible monte très lentement vers la surface et s'en retourne à vue*

*du silence des vents demandez-leur la cause*

Une première version réduite de ce texte est parue sous le titre *je les ai fait devenir vert*. Elle a été écrite lors d'une résidence aux Ateliers des Arques en 2021, et publiée chez PICCOLE BAIE BOOKS.

Achevé d'imprimer en octobre 2022
dans les ateliers de la Nouvelle Imprimerie Laballery
à Clamecy (Nièvre) N° d'éditeur : 2824
N° d'édition : 542978
N°d'imprimeur : 209567
Dépôt légal : novembre 2022

*Imprimé en France*